VENTE

Du Jeudi 28 Avril 1910

HOTEL DROUOT, SALLE N° 10

A DEUX HEURES

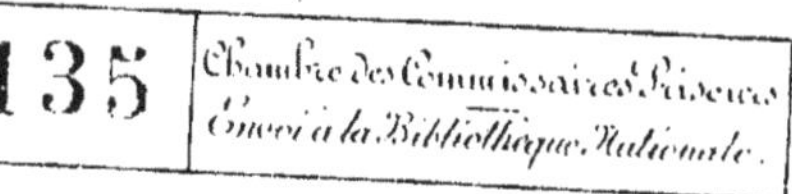

OBJETS D'ART ET DE CURIOSITÉ

DU XVIIIᵉ SIÈCLE ET DE LA RENAISSANCE

MEUBLES ANCIENS

FAIENCES ET PORCELAINES

LIVRES — ARMES

TABLEAUX

Mᵉ ANDRÉ COUTURIER
COMMISSAIRE-PRISEUR

M. GEORGES GUILLAUME
EXPERT

CATALOGUE

DES

OBJETS D'ART ET DE CURIOSITÉ

DU XVIIIe SIÈCLE ET DE LA RENAISSANCE

FAIENCES ET PORCELAINES

IVOIRE — BRONZE — CUIVRE — ARGENT

Ciboires, Pixyde, Plaques, Statues, Bas-reliefs

BELLE PENDULE DU TEMPS DE LOUIS XVI

MEUBLES ANCIENS

LIVRES DIVERS

Dont une Collection de L'Artiste en 78 volumes

TABLEAUX, GRAVURES, MINIATURES

Deux toiles de François BOUCHER

ARMES, ÉTOFFES, TAPIS, OBJETS VARIÉS

DONT LA VENTE AURA LIEU

HOTEL DROUOT, SALLE N° 10

LE JEUDI 28 AVRIL 1910

à deux heures

COMMISSAIRE-PRISEUR	EXPERT
Me ANDRÉ COUTURIER	M. GEORGES GUILLAUME
Successeur de M. Léon TUAL	13, rue d'Aumale
56, rue de la Victoire	PARIS

EXPOSITION PUBLIQUE

Le Mercredi 27 Avril 1910, de 1 heure 1/2 à 5 heures 1/2

CONDITIONS DE LA VENTE

Elle sera faite au comptant.

Les adjudicataires paieront *dix pour cent* en sus des enchères.

Paris. — Imp. de l'Art, Ch. Berger, 41, rue de la Victoire.

DÉSIGNATION

LIVRES

1 — **Arioste** Roland furieux, traduction nouvelle en prose par Philipon de la Madelaine. Édition illustrée de 3oo vignettes et 25 magnifiques planches tirées à part sur Chine par MM. Tony Johannot, Baron Français et Célestin Nanteuil. *Paris, Mallet,* 1884, gr. in-8º, fig., demi-rel., chag. brun, dos orné, plats toile ornés, tr. dor.

Premier tirage. Piqûres.

2 — **Artiste** (L'). *Paris, Au bureau du Journal,* 1831 (origine) à 1865, 35 années en 78 vol. in-4º, fig., demi-rel. chag. violet foncé, tr. jasp.

Importante revue artistique et littéraire à laquelle ont collaboré les plus grands artistes et littérateurs du siècle et dont un grand nombre d'articles et d'illustrations n'ont pas été reproduits.

Exemplaire absolument complet de texte, collationné d'après de « Manuel de l'amateur de livres du xix° de M. G. Vicaire ». Il présente les particularités suivantes :

1re série, 13 pl. en plus et 4 en moins; 2e série, 1 pl. en plus et 22 en moins; 3e série, 4 front. en plus; 4e série, 1 pl. en plus; 5e série, 30 pl. en plus et 1 en moins; 6e série, 19 pl. en plus. Nouvelle série, 2 pl. en moins. Nouvelle Période, 3 pl. en moins et 1 en plus. Le tome 1er de 1864 renferme « L'Autographe au Salon ». Soit un total de 2,745 pl. et 49 front. En outre, les figures des 2e, 3e, 4e, 5e, 6e nouvelles séries et de la Nouvelle Période sont, pour la plupart, tirées sur papier de Chine ou avant la lettre. Exemplaire de souscription avec les planches suivantes qui manquent dans presque toutes les collections : Les Moissonneurs, grav. par Mercuri (tome VI). Le Jeune Clifford, lithog., par Eugène Delacroix (tome VIII). Italie, par Al. Menut (tome IV) et une planche gr. sur pierre, par Gigoux, d'après Girardet (tome IV). Ces planches ont été brisées pendant le tirage et tirées à 50 exemplaires seulement. Rare dans ces conditions.

3 — **Balzac** (H. de). La Peau de chagrin. Études sociales. *Paris, H. Delloye et Victor Lecou,* 1838, gr. in-8°, fig., demi-rel. veau rouge, dos orné, tr. marb. (*Rel. de l'époque*).

Premier tirage des illustrations de Gavarni, Baron, Janet-Lange, etc., gravées sur acier.

4 — **Flaxman.** Œuvre complet de Flaxman. Recueil de ses compositions gravées au trait

par Réveil. *Paris, Andot*, 1844, 8 albums gr. in-8° oblongs, br., couv.

> L'Iliade, 39 pl. L'Odyssée, 34 pl. Tragédies d'Eschyle, 31 pl. Hésiode, 37 pl. Dante : L'Enfer, 38 pl. Le Purgatoire, 38 pl. Le Paradis, 33 pl. Sujets divers, 14 pl.

5 — **Gomboust** (Jacques). Plan de Paris dressé géométriquement en 1649 et publié en 1652, par Jacques Gomboust, avec le texte, les vues et les ornements qui accompagnent quelques exemplaires, augmenté d'une feuille d'assemblage pour faciliter les recherches, gravé en fac-similé par Lebel et publié par la Société des Bibliophiles Français. *Paris, Techener*, 1858, atlas in-plano, et une notice in-12, demi-rel., chag. vert, planches montées sur onglets.

> L'atlas se compose de 4 ff. de texte, 1 plan d'assemblage, 1 planche d'ornements et 9 ff. reproduisant le plan de Gomboust.

6 — **Janin** (Jules). L'Ane mort, édition illustrée, par Tony Johannot. *Paris, Ernest Bourdin*, 1842, gr. in-8°, fig., demi-rel., dos et coins de chag. rouge, dos orné de filets, tr. marb. (*Rel. de l'époque*).

> Premier tirage des illustrations sur bois de Tony Johannot. Piqûres.

7 — **Soulié** (Frédéric). Si Jeunesse savait, si Vieillesse pouvait. *Paris, Charles Gosselin,* 1844, gr. in-8°, fig., demi-rel., veau rouge, dos orné, tr. jasp. (*Reliure de l'époque*).

Premier tirage des illustrations sur bois, les figures du Lion amoureux sont de Célestin Nanteuil.

TABLEAUX, GRAVURES

BOUCHER (François)

8 — *Paysage.*

Aux environs de Moret, au bord du Loing, un pâtre est assis sur le sol, tandis qu'autour de lui paissent des moutons ; il vient de trouver un nid qu'il montre à une paysanne debout derrière lui et conduisant un âne dans le bât duquel elle a installé une bercelonnette pour son petit. Au fond à gauche, un pont, une entrée de ville, puis une colline sous un ciel gris.

Signé en bas, à gauche : *F. Boucher.*

Toile. Haut., 48 cent.; larg., 59 cent.

(*1re Vente Sedelmeyer*, no 172 du Catalogue.)

BOUCHER (François)

9 — *Vénus et l'Amour.*

Sur un lit aux draperies en désordre, Vénus est à demi-allongée. Elle tourne légèrement le dos et se soutient sur le coude droit. Couché contre elle, un petit amour espiègle aux ailes bleues, de son index gauche étudie quelque grain de beauté dont le caprice l'intrigue.

A gauche, le petit dieu polisson a déposé son carquois sur un traversin. Au fond, une tenture, gorge de pigeon et soutenue par des cordelières à glands retombants.

Toile. Haut., 53 cent.; larg., 76 cent.

(*1re Vente Sedelmeyer*, no 185 du Catalogue.)

BRETON (ÉMILE)

10 — *Coucher de soleil sur la mer.*

DONCRE

11 — *Portrait de l'Artiste.*

Coiffé d'une perruque poudrée, il tient à la main un crayon et une feuille de papier.
Cadre à nœud de ruban.

Haut., 73 cent.; larg., 58 cent.

LOWENFELS (ENRICO)

12 — *Vue d'une route conduisant à la mer.*

Signé et daté : *1855.*

RAFFORT

13 — *La Cathédrale de Palerme.*

RAFFORT

14 — *La Diligence.*

Dessin à la sépia.

ÉCOLE FLAMANDE

15 — *Réjouissances villageoises aux portes du château.*

ÉCOLE FLAMANDE

16 — *Kermesse.*

ÉCOLE FRANÇAISE (xviiie siècle)

17 — *Portrait de femme en toilette décolletée, enrichie d'hermine.*

ÉCOLE FRANÇAISE

18 — *Jeune mère et son enfant.*

Peti panneau ovale dans un cadre doré.

ÉCOLE ITALIENNE

19 — *La Vierge et l'Enfant.*

Peinture sur panneau.

ÉCOLE ITALIENNE

20 — *Triptyque dont le panneau central représente une descente de croix.*

21 — Aquarelle gouachée : l'*Amour perfide.*

22 — Trois dessins à la mine de plomb portant l'inscription : *Ingres Del*^{t}.

23 — Trois eaux-fortes de Vivant-Donon, dont une : Berger et troupeau de vaches, d'après Paul Poter.

24 — Gravure rehaussée de gouache : Jeune fille tenant un livre; cadre en bois sculpté et doré.

25 — Gravure ovale en couleurs : les Petits espiègles.

26 — Deux gravures à la sanguine, d'après ANGE-LICA KAUFFMAN : Sujets tirés d'Homère.

27 — Gravure par LE BAS, d'après LANCRET : le Maître galant. Cadre doré.

28 — Gravure rehaussée de lavis : l'Évanouis-sement de la Vierge.

29 — Gravure à sujet de chasse à courre, d'après RUBENS

30 — Deux gravures anglaises en couleurs, d'après HAMILTON ; deux autres d'après GIA-COMO GARANA.

31 — Sept petites gravures anglaises encadrées.

32 — Onze gravures rehaussées, figurant les mois de l'année (moins novembre) sous les traits de personnages dans des encadrements variés.

33 — Cinq petites gravures circulaires en noir et en couleurs, ayant orné des couvercles de boîtes.

34 — Six gravures : Portraits d'hommes, d'après RIGAUD, VAN DYCK, RAOUX, etc.

35 — Deux autres, d'après WATTEAU : les Agréments de l'été ; le Bosquet de Bacchus.

36 — Les loges de Raphaël : cinquante-deux planches et deux frontispices gravés par CHAPRON.

PORCELAINES ET FAÏENCES

37 — Deux assiettes en ancienne porcelaine de la Chine, l'une décorée de personnages, l'autre de fleurs,

38 — Deux assiettes creuses en ancienne porcelaine de Chine polychrome, à vases de fleurs.

39 — Six autres de même porcelaine, décorées au centre d'animaux en noir et au pourtour de dessins géométriques.

40 — Deux assiettes en ancienne porcelaine de la Chine, à décor de rameaux fleuris.

41 — Trois autres, de même porcelaine, ornées aux bords de fleurettes bleues et au centre de constructions et d'arbustes.

42 — Dix tasses et neuf soucoupes en ancienne porcelaine de la Chine, décor à fleurs.

43 — Plat rond en ancienne porcelaine du Japon, à bandes bleues et réserves d'arbustes.

44 — Deux grandes potiches couvertes en ancienne porcelaine du Japon, surmontées de chimères, et leurs supports en bois de fer.

45 à 48 — Vingt-six assiettes variées, plates et creuses, et un bol en ancienne porcelaine de la Chine et du Japon.

49 — Deux assiettes en ancienne porcelaine de l'Annam, à décor de dragons.

5o — Bol et son présentoir en ancienne porcelaine de l'Inde, à décor de rameaux dorés.

51 — Trois couvercles en porcelaine (Japon et Marseille).

52 — Deux écuelles carrées et deux drageoirs en ancienne porcelaine de Paris, à décor de bouquets de roses.

53 — Drageoir à bords lobés en ancienne porcelaine de Locré, décoré de fleurettes.

54 — Plateau, chocolatière et six tasses avec soucoupes en porcelaine de Paris, à décor d'abeilles et de palmes dorées sur fond blanc. Époque Empire.

55 — Quatorze assiettes en ancienne porcelaine de Paris, décor au barbeau.

56 — Un plat creux et deux assiettes en ancienne faïence de Delft.

57 — Deux plats en ancienne faïence de Delft, à décors bleus.

58 — Deux assiettes en ancienne faïence de Moustiers, à décors bleus ; deux autres en terre de Lorraine.

59 — Deux saladiers en anciennes faïences de Strasbourg et Nevers.

60 — Grand plat ovale en faïence de Sceaux, à décors bleus.

61 — Pichet en ancienne faïence italienne, à décor de feuillages et réserve d'enfant chevauchant un triton.

62 — Plat à décors en relief, présentant une figure au centre. Ancienne faïence italienne.

63 — Quatre plats creux en ancienne faïence, à décors polychromes de paysages et de figures.

64 — Deux plats ronds, trois assiettes et un petit plat long en ancienne faïence, à décor de fleurettes bleues.

65-66 — Fort lot de couvercles en porcelaine et faïence.

ARMES
PIÈCES DE HARNACHEMENT

67 — Carabine à silex ; crosse et fût en bois finement sculpté et incrusté de nacre ; batterie en acier gravé.

68 — Fusil à pierre, à double canon ; batterie marquée de *Saillet, à Grenoble.*

69 — Pistolet du Maroc en bronze ciselé.

70 — Trois moukalas, dont un à batterie gravée et fût orné d'incrustations.

71 — Petit fusil de fantassin marocain.

72 — Poignard à lame ciselée dans son fourreau d'acier damasquiné ; la poignée, en ivoire finement sculpté, est ornée de nombreux personnages. Ancien travail oriental.

73 — Autre poignard de même origine, à poignée
ornée de pierres, dans son fourreau de métal
doré et ciselé.

74 — Couteau de chasse marocain, à gaine de
velours garnie d'argent.

75 — Autre couteau de même origine, à poignée
d'ivoire et fourreau orné de métal argenté.

76 — Cimeterre marocain à lame courbe gravée.

77 — Lot de poignards et couteaux marocains et
kabyles, à fourreaux et poignées de bois
sculpté.

78 — Deux épécs berbères.

79 — Sabre japonais à fourreau d'écaille et
cuivre.

80 — Trois épées de cour, à coquilles et poignées gravées.

81 — Selle arabe, avec étriers, mors et harna-
chement.

82 — Deux étriers, deux pulvérins et un écri-
toire en cuivre gravé et ciselé.

83 — Lot de pièces variées en cuivre : sacoches,
bottes, cartouchières, bonnet, etc.

BRONZE, MÉTAL
PENDULES

84 — Tête de vieillard au rictus douloureux, le col drapé d'un manteau ; bronze ancien d'une très belle patine.

85 — Petite statuette de religieuse en ancien bronze ciselé et doré.

86 — Encrier en bronze patiné et ciselé, posant sur pied-griffe et décoré de mascarons et guirlandes ; le couvercle est surmonté d'une figurine d'amour. Travail florentin de la Renaissance.

87 — Bas-relief circulaire en bronze ciselé et doré : la Vierge, l'Enfant Jésus et Saint Jean. Travail italien du xvie siècle.

88 — Bas-relief en bronze patiné, à sujet de bataille.

89 — Ciboire en cuivre ciselé et doré ; pied à base lobée et orné de pointes d'émail à têtes de saints. Fin du xive siècle.

90 — Autre ciboire de même époque en cuivre
ciselé et gravé, posant sur base circulaire et
présentant, sur le pourtour, des dessins d'oves.

91 — Petit socle en cuivre finement gravé et
ciselé, décoré d'un bas-relief ovale de guer-
rier à cheval, en ivoire sculpté.

92 — Paire de flambeaux Louis XIII en cuivre.

93 — Pyxide en argent ciselé et gravé, portant
une inscription latine : *Ave Maria Gracia...*
Travail rhénan, fin du xvᵉ siècle.

94 — Petite plaquette en argent niellé, figurant
la Résurrection et portant à la base l'inscription : *De Opus Peregrini Ces*, Travail italien
du xviᵉ siècle.

95 — Reliure de missel en argent ciselé et repoussé, à décor de guillochages, rosaces,
rinceaux et figures. Ancien travail du Mont
Athos.

96 — Ancienne plaque en argent ciselé : Sainte
Marie de Lorette.

97 — Plaque en argent repoussé, figurant le
Christ au tombeau, dans un cadre orné
d'écaille.

N° 98

97 *bis* — Deux salières doubles Louis XVI en argent ciselé.

97 *ter* — Cafetière en métal argenté, de la Restauration.

98 — Intéressante pendule en marbre blanc, posant sur quatre pieds et ornée de bronze doré : rangs de perles et rameaux autour du cadran, rinceaux et raies de cœur à la base ; elle est flanquée d'un vase et décorée d'un sujet de femme debout et d'enfant sur des nuées, figurant une offrande à l'Amour ; cadran signé : *Cheruelle, à Paris*. Époque Louis XVI.

99 — Pendulette Empire en bronze ciselé et doré, présentant un nègre-porteur, sur un socle à bas-reliefs.

100 — Pendule Empire en bronze doré et marbre vert, présentant un sujet idyllique.

101 — Pendule Empire en marbre jaune, posant sur pieds-griffes, ornée de bronze patiné et surmontée d'un sujet à deux personnages : le Couronnement de l'Amour.

102 — Paire de candélabres à six lumières en bronze patiné et doré, posant sur socles en marbre jaune et pouvant s'assortir avec la précédente pendule.

103 — Grand surtout de table à fond de glaces, composé de cinq parties, dont une de forme circulaire, en bronze doré et ciselé à rinceaux et mascarons. Époque Empire.

104 — Ancienne bassinoire en cuivre gravé ; pelle et pincettes d'âtre en fer forgé.

105 — Fort lot de bronzes pour garniture de meubles.

OBJETS D'ART VARIÉS
ENLUMINURES, MINIATURES

106 — Fragments d'une grande cheminée en marbre rouge veiné, d'époque Louis XV.

107 — Coupe en marbre rose sur une succession de socles en marbre blanc veiné.

108 — Deux colonnettes-supports en marbres variés.

109 — Paire d'anciens vases à anses en pierre, présentant en bas-relief un sujet d'enfants enguirlandés de feuillage ; gaines en composition verte imitant le marbre.

110 — Pierre tombale gravée d'inscriptions ; autre pierre taillée présentant une figure.

111 — Haut-relief en bois sculpté, polychromé, provenant d'un ancien calvaire et figurant une descente de croix. Travail espagnol du xve siècle.

112 — Cinq petits panneaux en bois sculpté, de style gothique.

113 — Cadre Louis XIII en bois d'ébène, orné d'écaille et de verre églomisé.

114 — Cadre Louis XIV en bois sculpté et doré.

115 — Grand coffre circulaire en laque rouge de la Chine, orné de dorures.

116 — Statuette en biscuit de baigneuse accroupie, signée : *Dubois*.

117 — Groupe en cire rouge de la Vierge portant l'Enfant Jésus.

118 — Groupe de deux figures en cire, costumées d'anciennes étoffes, sous verre et encadré : Sainte Anne et la Vierge.

119 — Petit nécessaire Louis XVI en galuchat, renfermant : glace, flacon, carnet, ciseaux, etc.

120 — Petite tabatière en cuivre ciselé, ornée d'émail bleu et doublée d'écaille.

121 — Petit plateau en ancien émail cloisonné.

122 — Verre en cristal gravé, décoré d'un lion héraldique.

123 — Éventail chinois, à feuille ornée de nombreux personnages et monture de cuivre ciselé, ajouré et partiellement émaillé.

124 — Deux plaquettes d'ivoire sculpté, figurant de saints personnages.

125 — Siège et prise de Rouen : Page provenant d'un ancien manuscrit et comportant, avec un sujet principal, un encadrement fait d'entrelacs de fleurs et d'animaux ; très remarquable enluminure sur vélin. Travail français de la fin du xvᵉ siècle.

126 — Miniature de fillette, dans un cadre en citronnier. Époque du Directoire.

127 — Miniature de jeune femme vêtue de rouge et coiffée d'une mantille, dans son écrin en galuchat. Époque Directoire.

128 — Trois miniatures cerclées de cuivre, dans des cadres noirs à moulures.

129 — Cadre renfermant sept anciennes miniatures : Portraits d'hommes et de femme.

1 3o — Miniature dans un cadre doré : Mademoiselle de La Vallière en Larmes, par Mme de Bourges.

1 3 1 — Cinq fixés encadrés, représentant des maréchaux de France.

MEUBLES, ÉTOFFES

1 3 2 — Secrétaire en bois de rose orné de bronze et de marqueterie à entrelacs, vases et attributs de la Musique ; il est muni d'un tiroir et ferme par deux portes à la partie inférieure ; dessus de marbre Sainte-Anne. Époque Louis XVI.

1 3 3 — Table de tric-trac en acajou à pieds cannelés et munie de tiroirs ; la tablette supérieure, à double face, est garnie de drap vert et de cuir. Époque Louis XVI.

1 3 4 — Chaise à porteur Louis XV, formant vitrine, à panneaux décorés au vernis de rinceaux verts sur fond or et sur le devant des initiales L. M. surmontées d'une couronne ; l'intérieur est garni de velours d'Utrecht.

135 — Lit Renaissance en bois sculpté à fronton voussuré, godrons, écusson et têtes d'anges.

136 — Grande table-bureau en bois sculpté à pieds galbés et munie de trois tiroirs ; ornements en bronze ciselé. Époque Régence.

137 — Commode Louis XVI en acajou à filets de cuivre, fermant à trois tiroirs et couverte d'un marbre Sainte-Anne.

138 — Ancien paravent bas à quatre feuilles représentant des paysages.

139 — Vitrine haute en chêne, garnie d'étagères et gainée de peluche rouge.

140 — Vitrine plate en poirier noirci.

141 — Ancien crachoir en acajou.

142 — Quatre grands fauteuils en noyer sculpté, ornés d'applications métalliques et couverts d'ancienne étoffe à dessins jaunes sur fond rouge. Époque Renaissance.

143 — Fauteuil Louis XIII en bois sculpté, couvert d'ancien velours de Gênes à grands ramages rouges.

144 — Deux anciennes chaises percées, l'une en noyer sculpté à fond de canne, l'autre en acajou.

145 — Environ 8 m. 5o d'ancien damas rouge (petit métrage), et un coupon de 1 m. 8o de damas vert.

146 — Couvre-lit en ancien damas rouge. Dimensions : 2 mètres × 2 m. 25.

147-148 — Deux tapis d'Aubusson.

149 — Autre petit tapis d'Aubusson à fond vert et bordure chaudron.

15o — Coupon de sept mètres valenciennes.

151 — Objets omis.

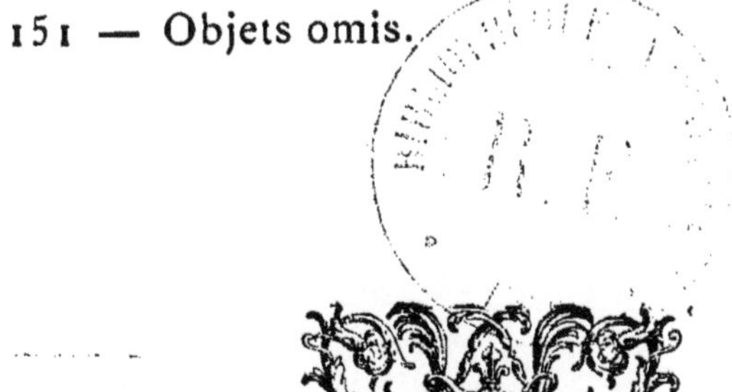